Novena de
Nossa Senhora da Cabeça

EDELVAN JOSÉ DOS SANTOS

Novena de Nossa Senhora da Cabeça

EDITORA
SANTUÁRIO

Direção editorial:
Edvaldo Manoel Araújo, C.Ss.R.

Coordenação editorial:
Ana Lúcia de Castro Leite

Revisão:
Luana Galvão

Diagramação e capa:
José Antonio dos Santos Junior

ISBN: 978-65-5527-514-8

1ª impressão

Rua Pe. Claro Monteiro, 342 – 12570-045 – Aparecida-SP
Tel.: 12 3104-2000 – Televendas: 0800 - 0 16 00 04
www.editorasantuario.com.br
vendas@editorasantuario.com.br

Nossa Senhora da Cabeça

Juan Alonso de Rivas foi um soldado das Cruzadas, que viveu no Pico da Cabeça, o ponto mais alto de Serra Morena, localizada em Andaluzia (Espanha). Esse combatente tornou-se pastor de ovelhas, após perder um dos braços em uma guerra. Mesmo assim, manteve-se firme na fé, pois foi grande devoto da Virgem Maria.

No dia 12 de agosto de 1227, enquanto cuidava de seu rebanho, naquela região, repentinamente, vislumbrou intensa luz e o som de um sino, o qual estava em um galho de uma árvore. Espantado pela claridade e pelo barulho, o pastor aproximou-se do arbusto e observou, dentro da gruta, uma imagem de Nossa Senhora.

Nesse instante, o homem escutou uma angelical voz, que parecia vir do céu. Então, foram-lhe proferidas as seguintes palavras: "Não tenhas medo, meu filho! Desejo que sigas até o povoado de Andújar e comuniques a todos sobre essa visão!" Andújar ficava a dezoito quilômetros de Serra Morena. Também foi pedido a Juan Alonso que dissesse aos homens e às mulheres, daquele vilarejo, que Deus pedia a conversão de todos e que fosse construída, naquela montanha, uma igreja.

Com temor de que os moradores não acreditassem nele, Juan Alonso suplicou a Nossa Senhora um sinal. Eis o impressionante milagre: graças à intercessão de Maria, o humilde pastor teve seu braço restaurado, aquele mesmo membro que lhe fora arrancado na batalha. Eufórico e maravilhado com o prodígio, Juan Alonso correu até o povoado, contou-lhes o milagre recebido, pela intercessão da Virgem Santíssima, e seu pedido. Todos ficaram admirados, quando observaram o braço novamente em seu corpo.

O vigário de Andújar e todo o povo dirigiram-se apressadamente ao cume da Serra da Cabeça para contemplar a imagem e venerar Nossa Senhora. Ela passou a ser denominada localmente como Nossa Senhora da Cabeça. A imagem foi conduzida em procissão até o vilarejo, até que fosse erguida a igreja desejada por Nossa Senhora. Assim foi edificado um grande santuário em sua homenagem. Toda a região se converteu, e começou a peregrinação regular para a Serra Morena.

Muitos milagres aconteceram, e a nova devoção espalhou-se por toda a Espanha. Um dos fenômenos mais conhecidos pela comunidade local relata a condenação à morte de certo homem. Ele, que jurava inocência, em súplica, pediu um milagre a Nossa Senhora da Cabeça.

No momento da execução, chegou um mensageiro do rei, trazendo consigo a Carta de Indulgência, concedendo-lhe a absolvição. Todos os presentes glorificaram a Deus, por mais um acontecimento miraculoso da Virgem Maria. Agradecido, o ex-condenado providenciou uma cabeça de cera, depositando-a aos pés da imagem.

A imagem reverenciada na Espanha é distinta daquela que conhecemos aqui no Brasil. A imagem cultuada no continente europeu apresenta uma coloração marrom ou, precisamente, um tom um pouco mais moreno, e carrega um fruto chamado medronho, na mão direita. A conhecida no Brasil é branca, segura uma cabeça na mão direita e o Menino Jesus na mão esquerda.

Sua festa litúrgica é celebrada no dia 12 de agosto, data da aparição. Costuma-se invocá-la, principalmente, para problemas neurológicos, como, por exemplo, cefaleia e depressão. Além disso, muitos recorrem a Nossa Senhora da Cabeça em busca de solução para as dificuldades de aprendizado das crianças, em fase escolar.

Como fazer a Novena

(Roteiro para todos os dias)

1. Oração inicial

– Em nome do Pai, do Filho e do Espírito Santo.

– Amém!

– A nossa proteção está no nome do Senhor,

– que fez o céu e a terra!

– Ouvi, Senhor, minha oração

– e chegue até vós o meu clamor!

– Vinde, Espírito Santo, enchei os corações de vossos fiéis e acendei neles o fogo do vosso amor. Enviai vosso Espírito, e tudo será criado! E renovareis a face da terra!

Oremos: Ó Deus, que instruístes os corações dos vossos fiéis com a luz do Espírito Santo, fazei que apreciemos retamente todas as coisas, segundo o mesmo Espírito, e gozemos sempre da sua consolação. Por Cristo, Senhor nosso.

– Amém!

Oferecimento da Novena: Ó Maria Santíssima, a quem o Pai Todo-Poderoso concedeu a dignidade de ser chamada Nossa Senhora da Cabeça, venho a teus pés suplicar: sê a guardiã de minha vida, protege minha família e meus pensamentos das ciladas do maligno. Virgem Maria, ensina-me a guardar em minha mente somente pensamentos que me aproximam das coisas celestiais, pois quero escutar sempre o que o Senhor tem a me comunicar. Eis meu pedido, que faço com toda a fé e devoção *(faça seu pedido com fé e esperança)*. Não permitas que minha cabeça seja perturbada por males que tentam desestabilizar a paz de minha vida. Assim seja. Amém!

2. Palavra de Deus *(própria de cada dia)*

3. Reflexão *(própria de cada dia)*

4. Oração final

Nossa Senhora da Cabeça, ajoelho-me diante de ti para expressar minha gratidão pelas bênçãos que recebi em minha vida, especialmente em momentos de angústia, quando orei, com fé e com todas as forças de minha alma, para que me livrasses ou algum parente das intensas dores de cabeça, que atrapalhavam o trabalho, o sono, o estudo, os cuidados com a família, afastando o espírito de encontrar paz em todos os momentos. Dou graças a ti e a teu Filho Jesus Cristo, que conhece o sofrimento de carregar uma coroa de espinhos. Peço-te que me ajudes a nunca perder a fé diante de qualquer problema de saúde, especialmente, das aflições psicológicas *(rezar 1 Pai-nosso, 3 Ave-Marias e 1 Glória ao Pai).* Agradeço-te, minha amada Nossa Senhora da Cabeça, todas as graças recebidas. Intercede sempre por mim e por todos aqueles que buscam tua intercessão. Amém!

1º dia
Nossa Senhora da Cabeça, alcança-me a graça de manter pensamentos positivos

1. Oração inicial *(p. 9)*

2. Palavra de Deus *(Lc 1,30-33)*

Disse o anjo Gabriel a Maria: "Não tenhas medo, Maria, porque Deus se mostra bondoso para contigo. Conceberás em teu seio e darás à luz um filho e lhe porás o nome de Jesus. Ele será grande e será chamado Filho do Altíssimo. O Senhor Deus lhe dará o trono de Davi, seu pai, e ele reinará para sempre na casa de Jacó. E seu reino não terá fim".

– Palavra da Salvação.

3. Reflexão

Que Mãe afável nós temos, pronta a nos socorrer nas difíceis batalhas desta vida! O primeiro auxílio aconteceu naquele dia, em Nazaré, quando a Virgem respondeu seu "sim" ao anjo Gabriel, pois queria o bem de toda a humanidade. A esperança de um novo tempo ressurgiu, e Deus-Filho fez morada em seu ventre.

Elevada para junto do Pai, após a ressurreição de Cristo, hoje ela dirige seu olhar, que diz tudo, a cada um de nós! Olhar que revela sua preocupação de Mãe amorosa, que deseja que confiemos plenamente em seu Filho Jesus.

Nossa Senhora da Cabeça, confiante em teu auxílio maternal, eu quero te agradecer teu carinho especial com minha família, pois, mesmo nas dificuldades financeiras, encontramos, na união e na fé em teu filho Jesus, o equilíbrio para reerguer nossa cabeça e lutar pelo fortalecimento de nosso lar.

Alcança-me a graça de manter pensamentos positivos diante dos obstáculos da vida. Que nunca me desespere com ideias de derrotismo e fracasso, porém encontre no Espírito Santo a luz para clarear meus pensamentos e seguir confiante no amor de Jesus Cristo. Assim seja. Amém!

Nossa Senhora da Cabeça, não permitas que minha pobre cabeça seja atormentada por males que perturbem a tranquilidade de minha vida. Roga por mim, pecador(a), agora e na hora de minha morte. Amém!

4. Oração final *(p. 10)*

2º dia
Nossa Senhora da Cabeça, alcança-me a graça da lucidez

1. Oração inicial *(p. 9)*

2. Palavra de Deus *(Lc 1,39-42.45)*

Naqueles dias, Maria partiu em viagem, indo às pressas para a região montanhosa, para uma cidade da Judeia. Entrou na casa de Zacarias e cumprimentou Isabel. Logo que Isabel ouviu a saudação de Maria, o menino saltou em seu seio, e Isabel ficou cheia do Espírito Santo e exclamou em alta voz: "Tu és bendita entre as mulheres e bendito é o fruto de teu ventre! Bem-aventurada aquela que acreditou que se cumpriria o que lhe foi dito da parte do Senhor!"

– Palavra da Salvação.

3. Reflexão

Certamente, é impossível imaginar o quanto Nossa Senhora intercede por nossas famílias. Ela está sempre presente nos momentos difíceis, quando as raízes do mal tentam nos desfalecer. Protetora das famílias, Maria vem auxiliar, sem que ao menos percebamos sua presença em nosso meio, vem ser companheira, como foi na visita à prima Isabel.

No Evangelho deste dia de novena, a Virgem Maria quer nos lembrar que, se realmente amamos o irmão, devemos expressá-lo pelo serviço. Facilmente, fala-se de amor e caridade, no entanto vivê-los na prática é tarefa árdua, pois necessita renunciar a si mesmo.

Com Maria, peçamos ao Espírito Santo que nos conceda os dons necessários à prática da caridade e do amor e que não haja violência, injustiças sociais e corrupção.

Nossa Senhora da Cabeça, alcança-me a graça da lucidez, naquelas ocasiões em que a emoção fala mais forte do que a razão. Que minhas atitudes sejam pautadas pelo respeito e pelo diálogo, para que eu mantenha a sobriedade e o autocontrole nas adversidades. Assim seja!

Nossa Senhora da Cabeça, não permitas que minha pobre cabeça seja atormentada por males que perturbem a tranquilidade de minha vida. Roga por mim, pecador(a), agora e na hora de minha morte. Amém!

4. Oração final *(p. 10)*

3º dia
Nossa Senhora da Cabeça, orienta meus pensamentos para a justiça e retidão

1. Oração inicial *(p. 9)*

2. Palavra de Deus *(Lc 1,46-49)*

Disse Maria a Isabel: "Minha alma engrandece o Senhor, e meu espírito se alegra em Deus, meu Salvador, porque Ele olhou para sua humilde serva; pois daqui em diante todas as gerações proclamarão que sou feliz! Porque o Todo-Poderoso fez por mim grandes coisas e santo é seu nome".

– Palavra da Salvação.

3. Reflexão

"Se alguém quer ser o primeiro, seja o último de todos e o servo de todos" (Mc 9,35). Esse pensamento de Cristo expressa a humildade almejada por Deus para cada filho seu, mas, muitas vezes, as pessoas são levadas pela competitividade desenfreada e pelo querer ser melhor que os outros.

A postura da Virgem Maria revela a nobreza de espírito da Mãe de Jesus. Jamais quis ser glorificada por ser a bendita entre todas as mulheres e manteve o coração sereno e despretensioso. Caminhou conforme a vontade do Pai, sendo a humilde colaboradora do Reino dos Céus.

O desejo da Virgem Maria para seus filhos é que também sejamos humildes, que lutemos pelo sucesso de todos do grupo familiar e profissional, sem ganância e sem humilhar ninguém. Enquanto temos de agradecer a Deus as realizações pessoais, quantas famílias vivem a amargura de serem esquecidas debaixo da ponte?

Nossa Senhora da Cabeça, recorro a ti, com humildade e fé, suplicando: guia meus pensamentos para que eu possa sempre trilhar o caminho da justiça e retidão, afastando-me das tentações e dos enganos que possam desviar minha mente e meu coração.

Que tua proteção materna ilumine minha jornada, fortalecendo-me para agir com integridade e equidade em todas as minhas ações e decisões. Intercede por mim, para que eu possa viver com sabedoria e verdadeiro discernimento, seguindo os ensinamentos de teu Filho e mantendo-me fiel aos princípios da virtude cristã. Amém. Assim seja!

Nossa Senhora da Cabeça, não permitas que minha pobre cabeça seja atormentada por males que perturbem a tranquilidade de minha vida. Roga por mim, pecador(a), agora e na hora de minha morte. Amém!

4. Oração final *(p. 10)*

4º dia
Nossa Senhora da Cabeça, concede-me a saúde dos olhos

1. Oração inicial *(p. 9)*

2. Palavra de Deus *(Ap 12,1-2.5)*

Um grande sinal apareceu no céu: uma Mulher vestida com o sol, tendo a lua sob os pés e uma coroa de doze estrelas na cabeça. Estava grávida e gritava de dor, angustiada para dar à luz. Ela deu à luz um filho, um menino, aquele que vai governar todas as nações com cetro de ferro. Mas seu filho foi arrebatado para junto de Deus e de seu trono.

– Palavra do Senhor.

3. Reflexão

Para aqueles que precederam a Cristo, tudo parecia perdido pelo pecado de Adão e Eva. O mal havia implantado as sementes do ódio, da inveja, do egoísmo nos corações de muitos homens, mas eis que a salvação reinou em nosso meio, com o nascimento do Filho de Deus.

Uma Nova Aliança foi reestabelecida a partir do nascimento do Salvador, e Ele nos prometeu que todo aquele que acredita no Pai e perdoa aos inimigos, com coração sincero, renunciando o pecado, terá a Vida eterna.

Cristo, que veio para resgatar as ovelhas perdidas, andou pelo mundo pregando a Boa Notícia, deixou seu testemunho de amor para que sigamos com fidelidade seus passos. E a Virgem de Nazaré veio conosco caminhar, mostrando por quais vales tenebrosos jamais devemos passar. São tantos sofrimentos os quais nossa família já suportou que, com a paz de Jesus e o amor de Maria, vamos vencer todas as provações.

Ó Nossa Senhora da Cabeça, neste quarto dia de novena, volto meu coração a ti, pedindo-te a graça de me concederes a saúde dos olhos. Que tu, que és um farol de luz e esperança, ilumines minha visão tanto física quanto espiritual. Retira qualquer enfermidade que possa obscurecer minha visão e permite-me enxergar o mundo com clareza e paz.

Fortalece meus olhos para que eles possam não apenas ver a beleza da criação de Deus Pai, mas também discernir o bem e o mal em todas as situações. Intercede por todos aqueles, ó Mãe dilettíssima, para que, ao recuperar a saúde dos olhos, possam também refletir a luz de Cristo em suas ações e em seus pensamentos. Amém!

Nossa Senhora da Cabeça, não permitas que minha pobre cabeça seja atormentada por males que perturbem a tranquilidade de minha vida. Roga por mim, pecador(a), agora e na hora de minha morte. Amém!

4. Oração final *(p. 10)*

5º dia
Nossa Senhora da Cabeça, concede-me a saúde dos ouvidos

1. Oração inicial *(p. 9)*

2. Palavra de Deus *(Mt 2,13-15)*

Um anjo do Senhor apareceu em sonho a José e lhe disse: "Levanta-te, toma o menino e a mãe dele e foge para o Egito. Fica lá até eu te avisar, porque Herodes vai procurar o menino para matá-lo". José levantou-se, tomou de noite o menino e a mãe dele e partiu para o Egito. Ficou lá até a morte de Herodes, para se cumprir o que o Senhor falara pelo profeta, com as palavras: "Do Egito chamei meu filho".

– Palavra da Salvação.

3. Reflexão

Como não render louvores a Deus por nos colocar aos cuidados de uma Mãe carinhosa e amável, que jamais esquece seus filhos, que nos defende contra as ciladas do inferno e traz em seus braços a Paz, que é o Cristo Senhor? Contra Herodes, Maria defende o Menino Jesus, fugindo para o Egito com seu esposo José.

Nesse auxílio materno, a Virgem Maria resgata-nos para o coração misericordioso de Cristo. Ele compreende todas as nossas perturbações, inquietudes e lança em nossos corações aquela Paz verdadeira.

Neste mundo, como devemos ser protagonistas em nosso cotidiano da perene paz social! Contudo ela tende a ser ilusória e passageira, pelas desavenças. Um dia, no Reino dos Céus, experimentaremos a verdadeira Paz, o repouso do Espírito Santo sobre nosso ser, sem a mácula do pecado. Aí não haverá inquietações, mas uma eterna felicidade por estarmos na presença do Pai e do Filho.

Nossa Senhora da Cabeça, neste quinto dia de novena, com o coração repleto de gratidão, venho agradecer a saúde de meus ouvidos. Por teu intermédio, permitiste-me ouvir com clareza e sem dor, por isso louvo e exalto teu nome.

Ó Cheia de Graça, recorro a teus cuidados maternais, para que estendas tua proteção amorosa a todos aqueles que enfrentam dificuldades auditivas ou estão sofrendo com problemas de ouvido. Concede-lhes conforto, alívio e a graça da cura, para que possam experimentar a alegria de ouvir os sons da vida e contemplar tua divina presença. Que tua intercessão continue a iluminar e a proteger todos os necessitados. Amém!

Nossa Senhora da Cabeça, não permitas que minha pobre cabeça seja atormentada por males que perturbem a tranquilidade de minha vida. Roga por mim, pecador(a), agora e na hora de minha morte. Amém!

4. Oração final *(p. 10)*

6º dia
Nossa Senhora da Cabeça, concede-me a saúde da boca

1. Oração inicial *(p. 9)*

2. Palavra de Deus *(Lc 2,33-35)*

José e Maria estavam maravilhados com as coisas que dele se diziam. Simeão os abençoou e disse a Maria, sua mãe: "Este menino vai causar a queda e a elevação de muitos em Israel; ele será um sinal de contradição; a ti própria, uma espada te traspassará a alma, para que se revelem os pensamentos de muitos corações".

– Palavra da Salvação.

3. Reflexão

Que dor imensa Maria sentiu diante da profecia de Simeão! Contudo, mesmo no silêncio da alma, Nossa Senhora defendeu sua missão, acompanhando o Filho de Deus até o calvário de nossos pecados.

A Mãe sempre sofre pelos filhos, mas sempre estará a proteger-nos. Sofre pelos que vivem nas sombras da morte, aprisionados nos vícios, na violência, na corrupção. Contudo Maria nunca perde as esperanças de convertê-los; vela dia e noite para defender seus filhos das garras do maligno.

Hoje, neste sexto dia da novena, ó Nossa Senhora da Cabeça, meu coração encontra-se agradecido pela dádiva da saúde de minha boca. Louvo-te e te agradeço me concederes a capacidade de falar com clareza e desfrutar das alegrias que a comunicação me proporciona. Peço-te, Mãe amorosa, que me ajudes a usar esse dom com sabedoria e carinho e que eu nunca empregue minhas palavras para causar dor ou desentendimento aos outros. Que tua proteção me guie para que eu sempre escolha palavras de amor, respeito e encorajamento, mantendo a harmonia e a bondade em meu convívio social.

Por fim, suplico que estendas tua intercessão a todos os teus filhos que enfrentam dificuldades relacionadas com a boca, como problemas na fala e na mastigação. Concede-lhes a cura e a graça de recuperar a saúde completa, para que possam comunicar-se e viver com dignidade e conforto. Que todos aqueles que sofrem com essas aflições sintam o consolo de tua presença protetora, encontrando força e esperança por meio de tua intercessão incessante. Assim seja!

Nossa Senhora da Cabeça, não permitas que minha pobre cabeça seja atormentada por males que perturbem a tranquilidade de minha vida. Roga por mim, pecador(a), agora e na hora de minha morte. Amém!

4. Oração final *(p. 10)*

7º dia
Nossa Senhora da Cabeça, livra-me das dores de cabeça e doenças mentais

1. Oração inicial *(p. 9)*

2. Palavra de Deus *(Mt 6,6-8)*

Disse Jesus: "Quando fores rezar, entra em teu quarto, fecha a porta e reza a teu Pai em segredo, e teu Pai, que conhece todo segredo, dar-te-á a recompensa. Em vossas orações, não useis muitas palavras, como fazem os pagãos, pensando que Deus os atende devido às orações longas. Não os imiteis, porque vosso Pai sabe o que precisais, antes mesmo que lho peçais".

– Palavra da Salvação.

3. Reflexão

Neste dia de novena, Jesus nos ensina que, quando formos rezar, devemos entrar no quarto e orar ao Pai em segredo, e o Pai, que vê tudo em segredo, recompensar-nos-á claramente. Ele diz especificamente que, quando oramos, não devemos ser como os gentios, que presumem que por seu muito falar serão ouvidos.

Certamente, podemos confiar à Virgem Maria nossas orações silenciosas ou nossos desejos não expressos, para que o Altíssimo possa transformá-los em graças abundantes. Com as "portas fechadas" do coração para os ruídos deste mundo turbulento, abrimos a porta da alma para Cristo adentrar. Ali Ele nos concederá sua misericórdia, e encontraremos as respostas para nossos problemas.

Nossa Senhora da Cabeça, a gratidão invade minha alma para te agradecer a cura das dores de cabeça, que, em algum momento, tanto afligiram minha vida. Louvo-te por aliviares as enxaquecas, as cefaleias tensionais e as dores de cabeça, que me impediam de desempenhar minhas atividades diárias com conforto e serenidade. Agradeço-te, Virgem fidelíssima, trazeres para muitos o alívio dessas dores que atrapalham a capacidade de trabalhar, estudar e conviver plenamente.

Invoco-te agora, com fervor e humildade, que estendas tua intercessão para aqueles que sofrem com doenças mentais, como a microcefalia e outras condições que afetam profundamente o bem-estar mental e emocional.

Nossa Senhora da Cabeça, concede-lhes a cura e a libertação das aflições mentais, para que sua esperança e serenidade sejam reestabelecidas a seu coração e sua mente. Que tua proteção os envolva, proporcionando força e conforto, para enfrentar esses desafios com coragem e fé, e que teu amor os conduza ao caminho da recuperação e da paz interior. Assim seja. Amém!

Nossa Senhora da Cabeça, não permitas que minha pobre cabeça seja atormentada por males que perturbem a tranquilidade de minha vida. Roga por mim, pecador(a), agora e na hora de minha morte. Amém!

4. Oração final *(p. 10)*

8º dia
Nossa Senhora da Cabeça, livra-me da depressão

1. Oração inicial *(p. 9)*

2. Palavra de Deus *(Jo 2,1-5)*

Houve uma festa de casamento em Caná da Galileia e lá se encontrava a mãe de Jesus. Também Jesus foi convidado para a festa junto com seus discípulos. Faltando o vinho, a mãe de Jesus lhe disse: "Eles não têm mais vinho". Respondeu-lhe Jesus: "Mulher, que importa isso a mim e a ti? Minha hora ainda não chegou". Sua mãe disse aos serventes: "Fazei tudo o que Ele vos disser".

– Palavra da Salvação.

3. Reflexão

Tudo estava em perfeita ordem na festa de casamento em Caná, mas, inesperadamente, o vinho veio a faltar. Os convidados não notaram a escassez da bebida, contudo havia uma mulher atenta aos acontecimentos, preocupada com o bem-estar de todos. Essa mulher, Maria de Nazaré, recorreu ao poder de seu filho Jesus. Ele também já havia percebido a situação, e o milagre da transfiguração da água em vinho salvou aquela celebração festiva do fracasso.

Jesus Cristo sempre teve a seu lado a colaboradora da salvação. Além de ser templo vivo do Espírito Santo, Nossa Senhora assistiu o Filho em todos os momentos difíceis. Não porque Ele necessitava de auxílio, mas porque queria demonstrar ao mundo que, após a ascensão de Cristo, ela estaria a nosso lado, intercedendo nas situações de angústia e desalento.

Nossa Senhora da Cabeça, neste penúltimo dia da novena, volvo meu olhar a tua face compassiva, em busca de conforto para aqueles que enfrentam a dor da depressão, da síndrome do pânico, da ansiedade e de outros males mentais, que afetam profundamente o espírito e a alma.

Ó Virgem Santíssima, peço-te que estendas teu manto protetor sobre todos os que estão mergulhados na escuridão da angústia, trazendo-lhes luz, paz e esperança. Que, por meio de tua intercessão, eles encontrem a força necessária para enfrentar suas batalhas internas e experimentar a serenidade de superação de seus medos e de suas desilusões.

Agradeço de coração a Jesus Cristo, que nos concedeu a dádiva de termos uma Mãe tão amorosa e atenciosa. Graças a Ele, temos uma intercessora que conduz nossa oração a Deus Pai, revelando ao Criador nossas necessidades. Louvo e adoro a Cristo por orientar nosso coração em nossos momentos de tribulação, para que possamos sempre viver na paz. Amém!

Nossa Senhora da Cabeça, não permitas que minha pobre cabeça seja atormentada por males que perturbem a tranquilidade de minha vida. Roga por mim, pecador(a), agora e na hora de minha morte. Amém!

4. Oração final *(p. 10)*

9º dia
Nossa Senhora da Cabeça, não permitas que minha cabeça seja atormentada pela tentação

1. Oração inicial *(p. 9)*

2. Palavra de Deus *(Jo 19,25-27)*

Junto à cruz de Jesus estavam de pé sua mãe, a irmã de sua mãe, Maria, mulher de Cléofas, e Maria Madalena. Jesus, vendo sua mãe e, perto dela o discípulo que amava, disse a sua mãe: "Mulher, eis aí teu filho". Depois disse ao discípulo: "Eis aí tua mãe". E, desta hora em diante, o discípulo acolheu-a em sua casa.

– Palavra da Salvação.

3. Reflexão

Estando na cruz, Jesus Cristo ofereceu sua própria mãe, como eterna intercessora. Maria soube ser a Mãe fidelíssima, enquanto o Salvador esteve neste mundo, mas havia chegado a hora de partir. Por extremo amor, Ele não deixou Nossa Senhora desamparada e, do mesmo modo, João também não foi esquecido.

Naquele momento, Cristo consagrou a Virgem Maria como mãe de toda a humanidade, dando-lhe a missão de amparar aqueles que recorressem à graça divina. Realmente, maior presente nós jamais receberemos, pois fomos agraciados com o puro amor da Mãe do Silêncio, que reconforta as almas, quando clamam por misericórdia.

Quando estava aos pés da Cruz, ao presenciar a dor de ver seu filho morrendo, Maria poderia desesperar-se. A dor era imensurável, contudo seu silêncio ajudou a cicatrizar as feridas. Sua serenidade materna permitiu trocar olhares e dar força a Jesus. Também em nossas dores precisamos silenciar. A agitação nos momentos difíceis só aumenta as feridas, e nada conseguimos resolver. Nos momentos de fúria, agir com a cabeça quente mais machuca do que cura.

Neste último dia da novena, ó Nossa Senhora da Cabeça, coloco-me diante de tua presença imaculada e suplico que não permitas que minha mente seja atormentada pelas tentações demoníacas, que podem ameaçar minha paz interior.

Imploro que intercedas junto ao Espírito Santo para que Ele me conceda a fortaleza e a clareza necessárias para resistir a qualquer influência negativa, que busque desviar-me do caminho da salvação. Que tua proteção envolva minha cabeça e meu coração, mantendo-me firme na fé e livre das ciladas de satanás.

Nossa Senhora da Cabeça, defende-me dia e noite dos ataques malignos que buscam perturbar minha mente. Peço também a Jesus Cristo que conceda a recuperação e a paz interior às pessoas que estão internadas em hospícios e clínicas para dependentes químicos. Que Ele, em sua infinita misericórdia, traga a cura para esses irmãos, oferecendo-lhes a força e a serenidade necessárias para superar suas adversidades e encontrar um caminho de recuperação e renovação espiritual. Tudo isso peço em nome do Pai, do Filho e do Espírito Santo. Amém!

Nossa Senhora da Cabeça, não permitas que minha pobre cabeça seja atormentada por males que perturbem a tranquilidade de minha vida. Roga por mim, pecador(a), agora e na hora de minha morte. Amém!

4. Oração final *(p. 10)*

Índice